NOTICE

OBOCK

(GOLFE D'ADEN)

COLONIE FRANÇAISE

PAR

F. GOLTDAMMER

PARIS

IMPRIMERIE ARNOUS DE RIVIÈRE

26, RUE RACINE, 26

—

1877

NOTICE

OBOCK

(GOLFE D'ADEN)

COLONIE FRANÇAISE

PAR

F. GOLTDAMMER

CHAPITRE PREMIER

Le port d'Obock est situé au fond du golfe d'Aden, sur la côte Nord du Somal, par 11° 57' de latitude Nord et 41° de longitude Est. Obock est un village de peu d'importance, formé de quelques maisons. Le territoire est insignifiant comme étendue. On y rencontre les palmiers et la flore de l'Afrique équatoriale. Dans les environs, on trouve la pierre calcaire, l'argile à potier, l'ocre rouge et du soufre.

Si l'on s'avance à 4 ou 5 kilomètres dans l'intérieur des terres, le pays s'accidente et devient montagneux. Ces montagnes d'origine volcanique font partie de la chaîne qui court le long du littoral depuis Massaouah jusqu'au cap Guardafui. Les vallées alors deviennent fertiles, et les montagnes sont couvertes de forêts, surtout dans la partie sud. La nature du sol se modifie. On y trouve des métaux et du charbon. Du reste les sommets de cette chaîne sont peu élevés. Ce n'est à proprement parler qu'un vaste plateau. Le passage en est facile, et les caravanes apportant à la côte les produits de l'intérieur le franchissent sans difficulté. De ce plateau descendent des torrents qui arrosent la plaine. Beaucoup sont à sec une partie de l'année, mais les puits et les citernes fournissent une bonne eau, aux habitants et aux bestiaux.

La population du pays est composée d'Arabes et de Danakiles et de Gallas, qui en forment le fond. Ils vivent par tribus errant à la recherche de pâturages. C'est un peuple guerrier et pasteur. Quelques tribus vivent de vol et de rapines, mais la majorité de la population est honnête. Le climat sur la côte est sain quoique très-chaud. Les Européens y vivent parfaitement, et les fièvres graves y sont très-rares.

La côte aux environs d'Obock est formée de falaises élevées, dont la hauteur varie entre 10, 20 et même 30 mètres. Toute la côte d'Abyssinie présente la même ligne de falaises, et depuis Massaouah, la rade d'Obock est le seul point où puissent sûrement se réfugier les navires.

En 1856, M. Henry Lambert, agent consulaire de France à Aden, qui cherchait un point de la côte africaine où nous puissions nous établir, avait été vivement frappé des avantages d'Obock. Sa rade excellente, sa situation au Sud de l'Abyssinie, sur la route du Choa à la mer, sa proximité du détroit de Babel-Mandeb, le décidèrent à acheter, au nom du Gouvernement français, Obock et son territoire.

Il le paya 10.000 dollars (50.000 francs) à un chef indigène du Somal. Connaissant admirablement le pays, ses produits, sa population et ses besoins, il voulait faire d'Obock un grand centre commercial, en même temps qu'un point stratégique. La mort vint malheureusement le frapper avant qu'il eût pu exécuter le projet qui avait été le rêve de ses dernières années.

Le Gouvernement français, dont l'attention était absorbée par

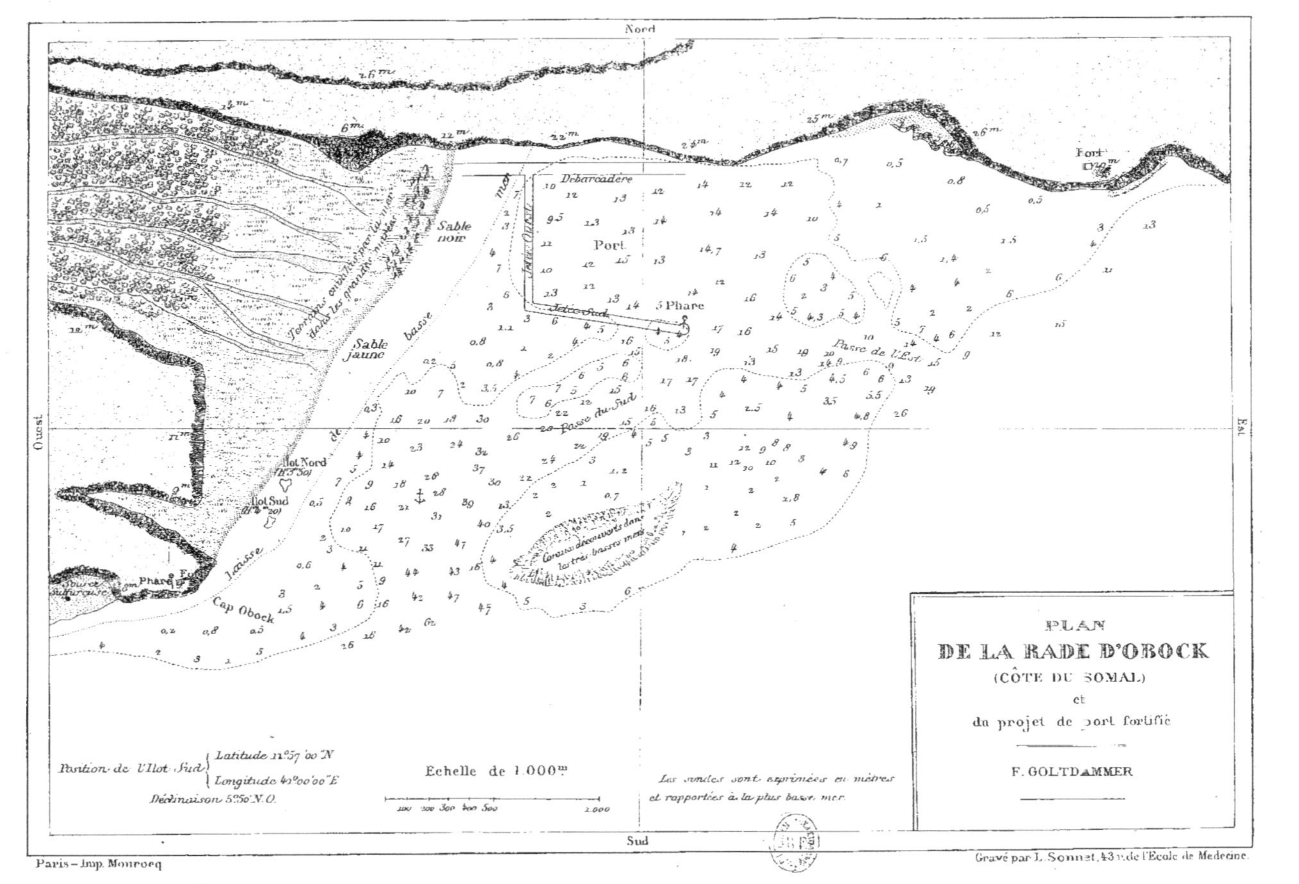

Nord
Ouest
Est
Sud
Fort l'Heron
Débarcadère
Port
Phare
Sable noir
Sable jaune
Sable basse
Terrain exhaussé par la mer dans les grandes marées
Jetée Ouest
Jetée Sud
Passe de l'Est
Passe du Sud
Ilot Nord
Ilot Sud
Cap Obock
Phare
Source sulfureuse
Laisse de
Corail découvert dans les très basses mers
Position de l'Ilot Sud
Latitude 11°57'00"N
Longitude 40°00'00"E
Déclinaison 5°50'N.O.
Echelle de 1.000m
100 200 300 400 500 1.000
Les sondes sont exprimées en mètres et rapportées à la plus basse mer.
PLAN
DE LA RADE D'OBOCK
(CÔTE DU SOMAL)
et
du projet de port fortifié
F. GOLTDAMMER
Paris — Imp. Monrocq
Gravé par L. Sonnet, 43 r. de l'Ecole de Medecine.

la complication des affaires européennes, oublia pendant huit ans Henry Lambert et sa nouvelle colonie.

Ce ne fut qu'en 1864 que l'aviso à vapeur *le Surcouf* arriva à Obock pour faire l'hydrographie du port sous les ordres de M. le lieutenant de vaisseau Salmon; la carte du port résumant les travaux du *Surcouf* fut dressée un an plus tard. Malheureusement, le Gouvernement français, occupé des difficultés continentales, ne parut prêter que peu d'attention à ces travaux, et depuis, Obock continua à demeurer presque inconnu.

Comme nous l'avons dit plus haut, le port d'Obock est entouré de hautes falaises, qui le protégent presque complétement des vents de l'Ouest et du Nord. Il offre deux mouillages distincts, bien abrités par les bancs de corail s'étendant de l'Est à l'Ouest.

Ces deux mouillages, dont la profondeur moyenne pendant les basses mers varie entre 10 et 30 mètres, communiquent entre eux par un chenal d'une profondeur de 10 à 15 mètres. Chacun de ces mouillages communique séparément avec la haute mer. La passe du Sud court dans la direction du Sud-Ouest au Nord-Ouest. La passe de l'Est court dans la direction Est-Sud-Est au Ouest-Nord-Ouest.

Cette dernière semble préférable, d'un accès plus facile pour les vapeurs. Quant aux voiliers, il serait dangereux pour eux de tenter l'entrée du port par cette passe, pendant les vents d'Est; pour eux, la passe du Sud est préférable.

Le port a donc deux entrées, et par tous les vents les navires y peuvent pénétrer.

Pour compléter ces renseignements, nous ajouterons que la moyenne des deux amplitudes de la marée observées aux Syzygies vers le solstice d'hiver est de 2^m,50, et que l'établissement du port tel que l'a déterminé le lieutenant Salmon est de 9^h 30′.

Étendue des mouillages.	Largeur des passes.	
Chenal Sud.	400	mètres.
Mouillage Sud E.-O.	1.000	—
— N.-S.	700	—
Chenal communiquant balisé.	300	—
Mouillage Nord E.-O.	1.200	—
— N.-S.	800	—
Chenal Est.	150	—

D'après ces données, il est facile de créer un bon port à Obock. Le mouillage du Nord nous paraît préférable. Il est en effet protégé par la falaise des vents du Nord et de l'Ouest. Le banc de corail découvert à marée basse le défend du côté de la haute mer. Pour l'abriter convenablement, les vents du Sud-Ouest étant les plus à craindre dans ces parages, il y aurait peut-être à faire une digue ou jetée de 800 mètres, dans la direction du Nord au Sud, à partir du rivage, et, faisant suite à cette première jetée, la coupant presque à angle droit, une deuxième jetée d'environ 800 mètres.

Ces deux jetées défendraient réellement contre vent et mer du Sud-Ouest, tout en laissant libre la passe du Sud, et en feraient un bon et vaste port. Pour compléter le port, il y aurait naturellement à établir des quais ou débarcadères parallèlement au rivage et se reliant à la jetée Ouest, de plus quelques balises ou bouées dans les passes, pour indiquer le chenal. Un feu ou phare sur le cap Obock et un sur la tête de la jetée Est permettraient d'assurer en toute sécurité l'accès du port pendant la nuit. Nous ferons remarquer que dans la direction à donner aux jetées, nous avons tenu compte des bateaux voiliers, et voulu leur laisser les deux passes libres, pour qu'ils puissent profiter de divers vents, et passer suivant le vent régnant, soit par celle du Sud, soit par celle de l'Est.

A 3 ou 4 milles dans le Sud, le pays qui est boisé peut fournir tous les matériaux nécessaires à la construction du port, et le transport n'en serait ni difficile ni coûteux.

Pour la consommation d'eau du port, ajoutons qu'en dehors des puits et des torrents descendant des hauteurs, on pourrait facilement relier par des conduits Obock à la rivière l'Anazo, qui est à peu de distance au Sud, et se procurer ainsi à toute époque, comme à Massaouah, une eau potable et abondante.

Au point de vue stratégique, nous ne sommes pas compétent ; toutefois il nous semble qu'une batterie établie sur le cap Obock, à côté du phare, et une deuxième batterie sur le point le plus saillant de la côte, à l'Est du port, défendraient très-bien les entrées des deux passes. Il n'y a entre ces deux points qu'une distance de 6.000 mètres, et les feux se croiseraient.

De plus, on pourrait établir des ouvrages sur la côte, dans le

Nord d'Obock, qui serviraient à assurer la sécurité du port. La défense militaire d'Obock est importante, comme nous l'exposerons plus loin, et quoique ne pouvant nous étendre sur ce point, nous tenons à le signaler à l'attention des hommes de l'art.

CHAPITRE II

Malgré son peu d'importance territoriale, Obock présente de grands avantages au point de vue commercial et au point de vue stratégique. Nous allons les examiner en détail, et nous pensons qu'ils méritent d'attirer l'attention.

Pour le commerce, c'est le débouché de tous les produits de l'Abyssinie et du Somal ; pour les navires, c'est un point de relâche, un dépôt de charbon ; pour la marine de l'État, c'est un point fortifié sur la route des colonies asiatiques, un refuge pour ses vaisseaux, une menace pour Aden.

L'Abyssinie est un pays d'une richesse incomparable ; mais par sa situation même, il devait être connu très-tard. Avant le canal de Suez, la longueur, la difficulté du transport de ses produits avaient empêché les négociants de s'y établir. De plus, une chaîne de montagnes qui longe la côte la sépare de la mer, et les Européens, qui couvrirent de comptoirs le littoral africain, passèrent sans s'arrêter devant ces plages désertes. Aussi les produits de l'Abyssinie ont-ils trouvé peu de débouchés.

De tous temps le commerce a suivi trois routes.

La première aboutit à l'oasis de Selimeh, en suivant le cours du Nil, et de là en Égypte ; la deuxième se dirige sur Kassala, Souâkim et Massaouah ; la troisième se rend à Tadjoura, à Zeîlah et à Berbera. Les deux premières servent de débouché aux produits du Darfour, du Kordofan et de la haute Abyssinie ; la dernière amène à la côte les denrées du Choa, de l'Amhara, du Somal et du riche pays des Gallas, qui de la mer s'étend jusqu'au Nil et aux grands lacs de l'intérieur. C'est de cette dernière que nous allons nous occuper.

Ankober, capitale du Choa, est le grand marché où se réunissent les produits qui vont à la côte. Trois lignes principales

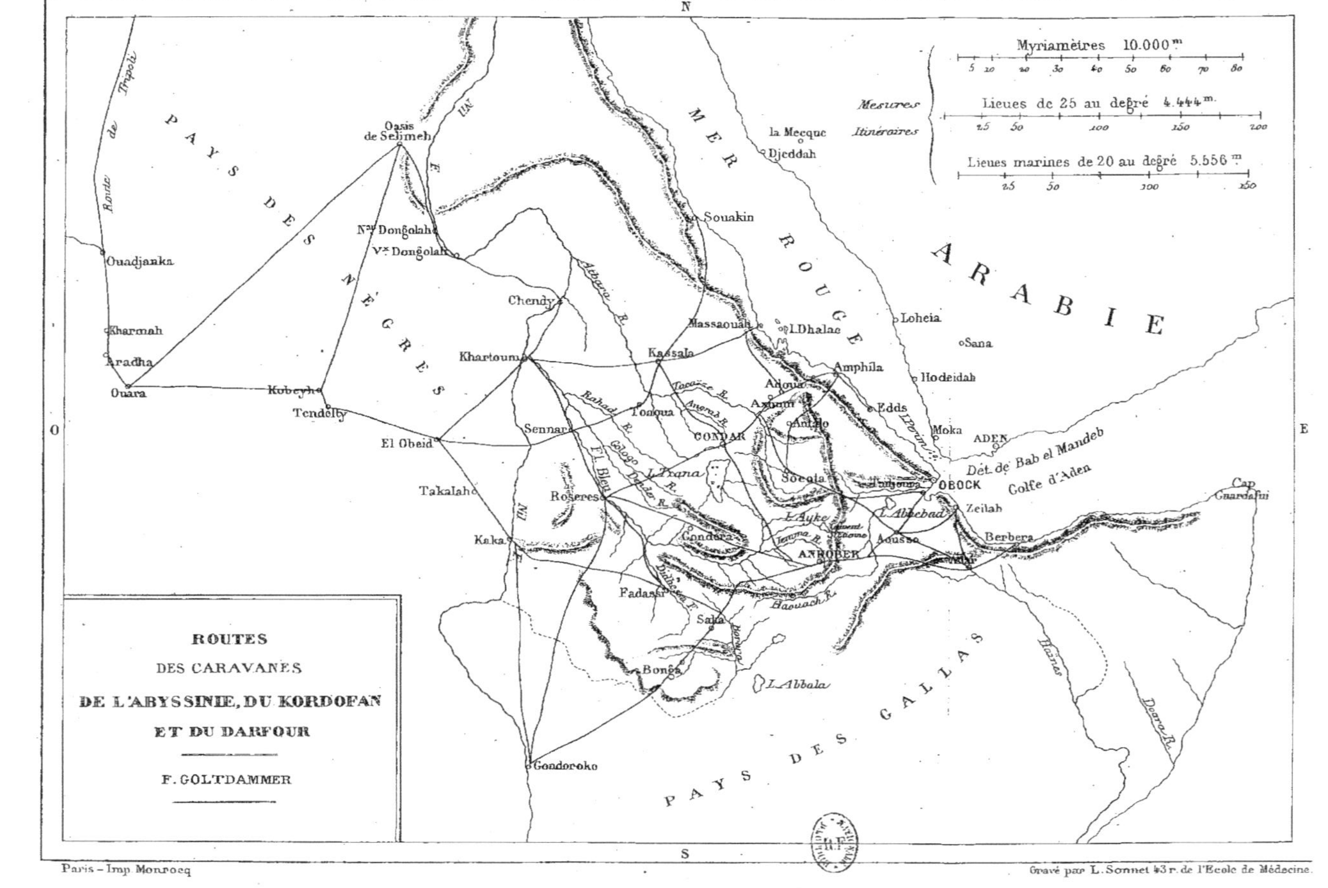

ROUTES
DES CARAVANES
DE L'ABYSSINIE, DU KORDOFAN
ET DU DARFOUR
F. GOLTDAMMER
Myriamètres 10.000 m
Mesures Itinéraires
Lieues de 25 au degré 4.444 m
Lieues marines de 20 au degré 5.556 m
PAYS DES NÈGRES
PAYS DES GALLAS
MER ROUGE
ARABIE
Route de Tripoli
Oasis de Selimeh
Ouadjanka
Kharmah
Aradha
Ouara
Nle Dongolah
Vx Dongolah
Chendy
Souakin
Massaouah
l.Dhalae
la Mecque
Djeddah
Loheia
Sana
Hodeidah
Khartoum
Kobeyh
Tendelty
El Obeid
Takalah
Sennar
Roseres
Kaka
Kassala
Tocazze R.
Angrab R.
Tonqua
GONDAR
Axoum
Antalo
Amphila
Edds
Moka
ADEN
Dét. de Bab el Mandeb
Golfe d'Aden
Zeilah
Berbera
Cap Guardafui
Rahad R.
Abbaïa R.
Fl. Bleu
Gologo Dender R.
L. Tzana
Socota
L'Ayke
L'Abbebad
Adusso
ANKOBER
Gondar
Jemma R.
Padash
Saka
Bonga
L'Abbala
Gondoroko
Haouach R.
Honno R.
Dinder R.
Hazas
Doaro R.
N
S
O
E
Paris – Imp Monroeq
Gravé par L. Sonnet 43 r. de l'Ecole de Médecine.

y aboutissent. L'une, apportant les produits du pays des grands lacs, traverse le pays des Gallas, Bonga et Saka; l'autre, suivant la vallée du Nil, vient de Sennâr. La troisième enfin, partant de Gondar, apporte une partie des produits du Tigré. D'Ankober les caravanes se dirigent sur Tadjoura, Zeïlah et Berbera. L'Amhara, pays peu riche et montagneux, va de préférence à Tadjoura. Les produits du Somal, qui se concentrent à Adar, se rendent à Berbera et à Zeïlah. C'est donc dans ces trois ports que se fait tout le commerce de ces riches contrées.

Tadjoura est un petit port à 29 milles Sud-Ouest d'Obock; Zeïlah à 35 milles au Sud et Berbera à 50 milles Sud de Zeïlah. C'est là qu'à des époques déterminées arrivent les caravanes, et surtout à Zeïlah et à Berbera se tiennent à ces époques des foires où se vendent les produits de l'intérieur. Ces denrées, achetées par des indigènes ou des Arabes, sont presque toutes envoyées à Aden, d'où elles arrivent en Europe.

La création d'un établissement commercial à Obock a donc, d'après cet exposé du commerce abyssin et somauli, toute chance de réussite. La vente, toujours difficile et peu active dans les ports du golfe d'Aden, sera plus facile à Obock, où l'acheteur direct se trouvera sur les lieux. De plus, les indigènes échangeront leurs marchandises contre les articles d'Europe, dont ils manquent entièrement, et qu'ils ne peuvent se procurer qu'à Zeïlah et à Berbera. Obock est du reste le port le plus près pour les caravanes du Choa et de l'Amhara. C'est le plus facile aussi, car les caravanes, au lieu de passer par Aoussa ou Adar et de traverser le désert des Adels, suivront le cours de l'Haouach pour se rendre à Obock. Adar même est plus près d'Obock que Berbera, et les indigènes, qui trouveront là un débouché sûr, constant et facile, n'hésiteront pas à s'y rendre.

Voyons maintenant quels sont les produits de ces pays, et si leur importance mérite la création d'une colonie.

Le sol qui sur toute la côte est aride et désert, à quelques milles devient fertile et change complétement d'aspect et de nature.

Ainsi les métaux, dont nous n'avons pu constater l'existence aux environs d'Obock, se trouvent en grande quantité dans la chaîne de montagnes qui court le long du littoral, et dans toutes les ramifications en Abyssinie et dans le Somal. On y trouve les minerais de fer, de cuivre, de plomb, le soufre, et surtout l'or à l'état natif, qui en beaucoup d'endroits se trouve à la surface du sol. La principale de ces mines d'or est celle d'Inarya ; mais, chose plus précieuse encore en pareil pays, il existe non loin d'Obock des mines de *charbon* facilement exploitables.

Les forêts sont nombreuses dans le Somal et en Abyssinie. La flore en est considérable. Les arbres les plus communs sont le baobab, le palmier dans ses différentes variétés, l'ébénier, le gommier, l'acacia, le tamarin, le citronnier, le sycomore. En plus, il existe dans certaines parties du Sud de l'Abyssinie un arbre assez commun, l'Erythrina corallodendron, que Bruce appelle *rak*. C'est un bois dur qui se débite en billes, excellent pour les constructions navales, dont les qualités peuvent se comparer à celles de l'Angélique de Cayenne (*Dicorenia Paraensis*).

On y trouve aussi le caoutchouc ; il est produit par l'arbre à caoutchouc et par une liane géante qui couvre les arbres les plus élevés (*Landolphia Florida*). Citons aussi pour mémoire l'arbre à savon (*Phitolaca Abyssinica*) appelé *Indot*.

Les produits de la culture sont nombreux et ne demandent qu'à trouver un grand débouché pour prendre une extension considérable. Pour ne citer que les plus importants, sans insister ici sur leur emploi ou leur application dans le commerce et l'industrie, nous nommerons les *cafés* de différentes qualités, qui peuvent rivaliser avec les meilleurs produits de Moka ; le *coton*, qui abonde surtout dans le Choa ; l'*indigo*, le millet, l'orge, le froment, le maïs, le douro, le *tabac*, la *canne à sucre*, dans d'excellentes qualités, l'encens, le coussou, la graine de lin, la coloquinte, le sésame, etc.

Quant à l'industrie, elle est nulle. Nous verrons plus loin celle que l'on peut facilement installer à Obock.

Des animaux indigènes, le plus utile est certainement le chameau ; c'est la bête de somme et le coureur rapide. Son poil filé sert à confectionner des tissus, qui, quoique grossiers, sont très-solides et presque inusables. Dans toute l'Abyssinie et le Somal, il y a d'immenses troupeaux de moutons, qui donnent une *laine de première qualité*, jusqu'à présent sans emploi, et qui pourrait chaque année fournir des *millions à l'exportation*.

Le cheval abyssin, qui rappelle le cheval arabe, est d'une belle race et pourrait être avec profit transporté en Europe.

Les bœufs et les buffles sauvages, en grande quantité, fournissent des *peaux* qui, si elles étaient utilisées, seraient d'un immense rapport. Pour les animaux sauvages, l'éléphant, l'autruche, l'hippopotame et le rhinocéros abondent dans ces contrées, d'où les chasseurs ne les ont pas encore fait disparaître. L'*ivoire* et la plume d'*autruche* ont toujours un débouché assuré et facile sur tous les marchés d'Europe, et l'ivoire fossile d'Abyssinie y est surtout recherché. Quant aux autruches, rien ne s'opposerait à en faire l'élevage en grand comme au Cap. A ces produits, nous ajouterons le miel, la *cire* et le beurre, qui se fait en quantité dans toute l'Abyssinie.

La mer sur tout le littoral abyssin, et principalement aux environs d'Obock, est riche en produits de toute sorte. Les poissons y abondent, et elle fournit de belles *perles*, des *nacres*, des *écailles*, des *coraux*.

Comme on le voit, les produits qui peuvent trouver un débouché à Obock sont nombreux et des plus considérables.

Le *charbon*, l'*or* et différents minerais, telles sont les richesses du sol. Les forêts donnent l'écorce du baobab, qui sert à la fabrication du papier, et dont l'exportation a pris depuis quelques années une importance qui augmentera toujours. Le palmier et le gommier fournissent des *huiles* et des *gommes*. Du citronnier on tirera facilement et sur place même le citrate de chaux, pour la préparation ultérieure de l'acide citrique, dont la consommation est universelle. L'ébénier, et surtout l'erythrina, sont des bois précieux. L'agriculture fournit principalement des cafés de première qualité, des cotons, des céréales, des tabacs, des sucres, des tafias, des beurres, de l'indigo, de l'encens. Les animaux donnent des laines, des cuirs, des ivoires, des plumes, du musc; les mers, des nacres, des écailles et des coraux.

En échange de ces précieux produits, nos navires apporteront les marchandises de fabrication européenne. Nous ne voulons noter ici que les plus importantes.

La première est le numéraire. La monnaie des Abyssins est la livre sterling et le thaler allemand à l'effigie de Marie-Thérèse. La livre sterling fait prime et aujourd'hui gagne 6 p. 100 au change ; le thaler a produit jusqu'à 20 p. 100, mais les Abyssins n'acceptent que les pièces entièrement à fleur de coin. Cet état de choses est donc déjà un avantage et un grand bénéfice pour les négociants.

Nous nous permettons ici d'émettre une idée qui, quoique hors de notre sujet, n'en est pas moins applicable à la création d'une colonie à Obock. Aujourd'hui la France est inondée de monnaie d'argent, et principalement de pièces de cinq francs. Si nous avions à Obock un établissement sérieux, rien ne s'opposerait, moyennant certaines conditions, à faire entrer dans les habitudes du pays l'usage de la pièce de cinq francs, et de trouver ainsi pour ce numéraire gênant un débouché de quelques millions par an.

Les tissus forment la majeure partie de l'importation. Ce sont les tissus de coton écru bleu et rouge d'Angleterre et de Belgique, connus plus spécialement sous le nom de *Guinées*. En général, on importe tous les genres de cotonnades. Les soieries de Lyon et les autres soieries et velours communs sont aussi d'une vente courante ; nous pouvons ajouter le fil rouge et le fil bleu (n° 40) dont se servent les indigènes pour tisser ou broder leurs vêtements. A ces articles de fond, ajoutons les verroteries de Bavière et de Bohême, la quincaillerie, la parfumerie, la coutellerie et les articles d'Allemagne.

Par l'exposé de ces articles d'importation et d'exportation, on voit que le commerce d'Obock peut devenir des plus importants. Le trafic qui se fera dans ce port sera considérable, et ne pourra qu'augmenter par suite des besoins nécessaires de la population. Les caravanes de l'intérieur apportant à la côte les riches produits du Somal et de l'Abyssinie, seront facilement attirées à Obock, qui est plus près que les autres ports. Là du reste ils auront la certitude d'une vente plus facile qu'ailleurs ; c'est là qu'ils viendront se procurer les articles de nécessité première qui leur manquent, et qu'ils ne peuvent se procurer qu'avec peine à Tadjoura et à Zeïlah. Les commerçants français viendront naturellement s'établir dans cette nouvelle colonie, qui leur promet la richesse, pour exploiter des produits immenses et jusqu'alors ignorés.

Le commerce qui, dans ces contrées, était resté languissant
faute de débouchés suffisants, reprendra une vigueur nouvelle,
et c'est à Obock, colonie française, qu'il viendra se concentrer,
faisant du nouveau port le grand marché de l'Abyssinie et du
Somal. Son importance augmentera d'autant plus que les Abyssins sont un peuple intelligent, travailleur, industrieux, qui en
peu de temps comprendra qu'une colonie française à Obock est
un bienfait pour lui. Quand la France s'est établie en Algérie et
au Sénégal, elle a trouvé devant elle la haine du vaincu, ou
l'inertie et l'abrutissement d'une population. A Obock, au contraire, ces obstacles si difficiles à surmonter disparaissent. C'est
une colonie pacifique, un établissement commercial avant tout;
aussi les indigènes qui n'auront rien à redouter des Européens,
et qui ne trouveront chez eux qu'une source de bien-être et de
richesses, viendront-ils avec empressement des ports voisins et
des contrées environnantes, décupler rapidement la population
primitive.

Obock ne sera pas seulement un entrepôt, il deviendra aussi
lieu de production. Dès le début quelques industries peuvent
s'y établir et réussir. D'abord c'est la colle de poisson, fabrication qui a si bien prospéré au Sénégal dans ces derniers temps;
puis le tannage sur place des peaux, qui dans ces pays se vendent à vil prix; la fabrication des colles de peaux; enfin la fabrication des citrates de chaux. Plus tard, quand la colonie aura
grandi, on pourra peut-être y établir d'autres industries, telles
que la fabrication de l'indigo, du sucre et des tafias.

Il est d'autant plus facile de fabriquer sur place ces différents
produits, que la matière première se trouve sur les lieux mêmes
ou à très-bas prix, que la main-d'œuvre est à très-bon marché,
et que pour ces exploitations il n'est pas besoin d'un grand
matériel. Toutes ces conditions sont importantes, et nous pensons qu'elles méritent au plus haut point l'attention. Pourtant
seules elles seraient peut-être insuffisantes, si la colonie d'Obock
n'avait pas par elle-même une plus grande importance au point
de vue du commerce général français et de notre puissance maritime.

CHAPITRE III

Obock a une position capitale au point de vue du commerce général de la France avec ses colonies asiatiques et les pays de l'extrème Oriént. Nous n'indiquerons ici que les points importants, le cadre de ce travail ne nous permettant pas d'insister.

En premier lieu, c'est l'établissement à Obock d'un dépôt de charbon. Nous avons dit plus haut que dans les environs du territoire se trouvaient des mines de charbon. La houille se trouve à fleur de terre, et pour être extraite, n'exige ni grands frais, ni matériel important. Ce point est capital. Aden, qui se trouve à égale distance des Indes et de l'Europe, a servi jusqu'à ce jour de port de ravitaillement aux navires de tous pays. Le charbon y vient d'Angleterre; le transport en est long et coûteux; le prix en est forcément élevé.

A Obock, au contraire, le charbon extrait sur les lieux mêmes (1) sera livré à bien meilleur compte, et les navires seront naturellement attirés, de préférence à Aden, dans un port qui, ne les dérangeant pas de leur route, opérera leur ravitaillement à meilleur marché. Ajoutons que, sous ce rapport, Aden ne pourra jamais faire concurrence à Obock.

Dès l'abord et par le simple fait d'un dépôt de charbon, les navires se dirigent à Obock. Le port se trouve donc véritablement créé; car il ne suffit pas qu'un port soit excellent, il faut qu'il offre certains avantages, qui tout de suite y attirent le commerce et les navires. S'il n'y avait que l'économie à faire sur le charbon, bien des navires hésiteraient à s'arrêter en même temps

(1) Un travail postérieur donnera des détails sur les gisements, l'analyse du charbon, et un aperçu des premiers frais d'installation de la mine et du dépôt, ainsi que les moyens de transport.

à Aden et à Obock, mais ceux qui n'auront pas un intérêt direct à relâcher à Aden trouveront à Obock des marchandises à charger et à décharger. Le commerce de l'Abyssinie se rendant à Obock suffira à assurer aux navires un chargement certain.

Ce premier point posé, nous avons à l'entrée de la mer Rouge une colonie qui servira de lien entre la France et ses colonies, comme Aden entre l'Angleterre et l'Indoustan. C'est le seul port que la France possède, non-seulement sur la côte orientale d'Afrique, mais encore sur tout le parcours de l'Europe aux Indes. Nos navires, qui ne pouvaient relâcher que dans des ports anglais, trouveront enfin sur leur route un port français qui leur procurèra charbon, eau et denrées de toutes sortes. Il importe donc de s'établir sérieusement dans cette station parfaitement choisie, dans une position excellente, où tout semble s'être réuni pour en faire un port important. Si les navires qui fréquentaient Aden abandonnent ce dernier port pour Obock, ce qui dans un certain temps ne paraît pas impossible, Obock est appelé à devenir tête de ligne. C'est de là que partiront les navires correspondant avec les lignes de l'Inde et se rendant dans le Sud de l'Afrique.

Aujourd'hui cette opinion peut paraître une utopie; mais ces contrées seront un jour, et dans un temps peu éloigné, peuplées et florissantes, et les navires fréquenteront journellement des parages maintenant inconnus et déserts. Si les colonies aident à la fortune et à la richesse d'un pays, ce n'est pas seulement par leurs produits, c'est, comme on le dit avec justesse, aussi par leur position. Obock se trouve sur la route des Indes, situé en face d'Aden, il est destiné à attirer une partie de son commerce.

Les produits du Somal et de l'Abyssinie, qui jusqu'à présent s'étaient écoulés par Tadjoura et les ports voisins, ne se rendront plus à Aden, mais viendront tous à Obock. C'étaient les Anglais qui exploitaient à leur profit ces richesses, notre colonie maintenant nous les enverra directement, et notre commerce se débarrassera ainsi d'un intermédiaire coûteux. C'est donc aux dépens d'Aden que notre colonie grandira, attirant dans son port ses navires, son commerce et sa fortune.

Enfin, s'il nous est permis de mêler à ces considérations une pensée scientifique, Obock sur la côte du Somal deviendra le point de départ de toutes les expéditions, qui se lancent dans les régions de l'Afrique équatoriale. Ces explorations n'ont pas seulement pour but de dresser la carte de pays lointains, elles cherchent aussi à ouvrir au commerce et à la civilisation des contrées inconnues.

Au point de vue stratégique, Obock n'a pas une valeur moindre, mais dans cette question nous ne sommes pas compétent. Pourtant, pour compléter ce travail, nous pensons utile d'indiquer le point principal.

Comme nous l'avons fait observer, il nous semble facile de fortifier Obock par deux batteries, dont nous avons marqué la place. Comme les navires, pour se rendre dans ce port, sont forcés de suivre la côte, depuis le cap Raz-Bir, quelques ouvrages établis sur la falaise Nord, suffiront à compléter sa défense. Voyons maintenant l'importance de ces fortifications.

La mer Rouge, qui sert de communication entre l'Europe et l'Asie, forme à son extrémité Sud le détroit de Bab-el-Mandeb. Ce détroit, dont la plus grande largeur est de 26 kilomètres, est semé d'îlots, dont le principal, Perim, appartient aux Anglais. Cette île, fortifiée par eux, est en état (appuyée par quelques navires) de défendre toutes les passes praticables et de fermer entièrement le passage. La mer Rouge communique au Nord avec la Méditerranée par le canal de Suez, qui peut en temps de guerre être facilement fermé, et par suite le passage se trouve intercepté et bien défendu.

Dans le cas d'une guerre avec l'Angleterre (il faut prévoir toutes les éventualités), nos navires de commerce alors dans l'Océan Indien seront sans port de relâche, sans lieu de refuge, complétement à la merci d'une marine puissante.

Seul, Saïgon dans l'Est offre à nos navires un abri que bientôt l'île de la Réunion leur donnera dans le Sud. Obock, port fortifié, viendra combler cette lacune; il nous servira de poste avancé, et si sa situation ne suffit pas à assurer le libre passage du détroit, du moins en partie il neutralisera l'importance de l'île Perim et de ses nouvelles fortifications.

Le but de cette notice est de faire connaître une colonie que nous croyons destinée à un grand avenir.

Ce n'est à l'heure présente qu'une rade sûre et un territoire peu cultivé; mais tout s'y trouve réuni à proximité pour en faire une colonie florissante.

Le port est excellent, il peut par tous les temps recevoir les plus gros navires. De nombreux puits fournissent en abondance l'eau potable nécessaire, et la présence de gisements de charbon lui donne une importance et une valeur qui ne sauraient échapper à personne. Nous avons montré que le commerce de l'Abyssinie et du Somal pouvait et même devait facilement se concentrer à Obock, qui en outre peut fournir directement tous les produits déjà signalés.

Nous serions heureux si ce modeste travail, dont les éléments sont puisés aux sources les plus authentiques, pouvait attirer l'attention sur un pays avec lequel nous avons depuis plusieurs années entamé personnellement des relations suivies, et dont les produits ont trouvé sur nos marchés d'Europe un accueil favorable et un placement prompt et avantageux.

Paris, 1er juillet 1877.

SOMMAIRE

CHAPITRE I.

CHAPITRE II.

CHAPITRE III.

CARTES.

Paris. — Imprimerie Arnous de Rivière, rue Racine, 26.